Julio Rocha

CB126987

Como seduzir sua Esposa

Conquistando todo dia quem você ama

Copyright © 2022 por Julio Rocha.

Todos os direitos reservados.

Nenhuma parte deste livro pode ser utilizada ou reproduzida sob quaisquer meios existentes sem autorização por escrito dos editores.

Preparo de originais: Gabrielle Antunes
Revisão: Gabriel Branco
Diagramação: Samanta Paleari
Capa: Fernanda Ferreira

Catalogação na publicação
Elaborada por Bibliotecária Janaina Ramos – CRB-8/9166

R672c

Rocha, Julio

Como seduzir sua esposa / Julio Rocha. – Rio de Janeiro: Ases da Literatura, 2022.

N p. 100; 14 x 21 cm

ISBN 978-65-53750-34-0

1. Técnicas de autoajuda. 2. Relação homem-mulher. 3. Paquera. 4. Homens - Psicologia. I. Rocha, Julio. II. Título.

CDD 306.7

Índice para catálogo sistemático

I. Técnicas de autoajuda : Relação homem-mulher

Todos os direitos reservados, no Brasil, países da Europa e Estados Unidos, por

Editora Ases da Literatura

www.asesdaliteratura.pt

Julio Rocha

Como seduzir sua Esposa

Conquistando todo dia quem você ama

NOVOS ASES

Dedicatória

Dedico este livro ao meu pai Eduardo Costa Porto, que está mais vivo do que nunca em tudo o que sou e no que faço. Nasceu nele este Julio Cesar que você conhece.

Meu pai, foi a minha grande referência de marido, pai, homem. Ele não só acreditou como investiu em minha carreira. Inclusive, este livro era um desejo dele.

Ele foi um dos primeiros "clientes" quando encomendou pela empresa em que trabalhava um espetáculo para ser apresentado à equipe de vendas. Escrevi um espetáculo chamado "Vendo os meus Sonhos". Ele me incentivava e sonhava junto comigo.

Hoje, tudo o que apresento em minhas redes sociais foi inspirado e encorajado por ele. Sem a figura dele, certamente eu não teria essa capacidade.

O meu pai faleceu em 2000 e ainda consigo escutar suas palavras, que dizia "para estar junto não precisa estar perto". É exatamente isso que sinto todos os dias.

Dedico também à minha mãe Ana Maria Rocha Porto, uma fonte inesgotável de amor, que também me inspirou, principalmente no quesito relacionamento e maternidade. O amor dela transformou o meu pai, e juntos tiveram uma linda história.

Obrigado, mãe, por ter dado bola para aquele cara dentro do ônibus, cheio de gibi debaixo do braço.

Amo vocês.

Agradecimentos

À minha esposa Karol, parceira de vida, minha musa, amante, melhor amiga. Ela topa minhas loucuras, ri de minhas bobeiras e traz graça para os meus dias. Desde que a conheci, sinto-me mais forte, completo e capaz de enfrentar o mundo.

Ela gerou duas crianças lindas, nossos filhos. E eu não poderia ser mais feliz e grato por isso.

Aos meus filhos, José e Dudu, papai ama vocês, seus pestinhas. Espero deixar para vocês um legado de amor, afeto e memórias de muitas alegrias.

Introdução

Meu nome é Julio Rocha, sou ator, apresentador e, olha que moderno, influenciador digital. Talvez vocês tenham me visto em novelas, seriados, programas de TV ou nas minhas redes sociais. Já sonhei em ser jogador de futebol, de vôlei (a pessoa não tem noção da própria altura), depois quis ter uma banda, mas aos 15 anos descobri meu sonho e minha vocação fazendo teatro. Aos 17 eu já pegava grandes campanhas de publicidade e fiz muita, mas muita peça até ter minha primeira oportunidade na TV.

É claro que antes passei pela figuração, inclusive na plateia do Jô Soares e do Silvio Santos. Fiz uns dez testes para novelas até que um deu certo e minha primeira novela foi Paraíso Tropical. De lá para cá fiz muita coisa, mas meu principal papel ainda estaria por vir: o de marido e pai.

A felicidade de ter uma família foi tão grande que resolvi compartilhar isso com o mundo e acabei descobrindo sem querer uma nova carreira. Durante a pandemia, todo mundo em quarentena, resolvi fazer vídeos engraçados com a minha família para divertir quem estava em casa. E não é que a coisa deu certo? Hoje tenho mais de 2 milhões de seguidores no Instagram, construí uma ligação muito bacana com seguidores e com clientes (já cheguei a entregar 15 milhões de *views* num *publipost*) e chegando a um bilhão de *views*.

Quem diria, aos quarenta, comecei uma profissão jovem, a de *digital influencer* (em inglês fica ainda mais chique), sendo um dos caras que talvez mais produz conteúdo sobre família, paternidade, maternidade e vida de casal. E foi este meu olhar para a mulher, o lar, a família e os filhos que foram a base para este livro.

Percebi que meus vídeos tocavam de uma maneira bem forte a sensibilidade das mulheres. Elas começaram a interagir mais, dar sugestões baseadas em suas experiências, pedir conselhos e começaram a compartilhar os vídeos com seus maridos e namorados como "tutoriais". Era comum ouvir que eu deveria escrever um livro, dar um curso... A ideia aqui não é ensinar nada ou ser *coach*. Apenas compartilhar minhas experiências e ideias de maneira bem-humorada a todos que já comentaram ou deram uma risada de um vídeo meu. Este livro é uma grande homenagem a todos os meus seguidores.

E, claro, ele só existe por causa dela, a musa que inspirou tudo isso. Conheci minha esposa, a Karol, em Balneário Camboriú. Eu já estava exausto da curtição das férias, e de repente, na noite anterior à minha volta para São Paulo, ela surgiu numa balada. Conversamos e perguntei: "Qual seu maior sonho?", e ela "ter uma família". Foi aí que vi que compartilhava do mesmo sonho da Karol.

Engravidamos 4, 5 meses após nos conhecermos. Não foi planejado, mas foi a emoção mais forte da minha vida (depois do parto, logicamente). Uma emoção tão grande que eu repeti duas vezes e hoje tenho o Dudu e o José que me fizeram conhecer o maior amor do mundo.

Fala-se muito em como ganhar dinheiro, qual a profissão do futuro, como empreender, como ficar mais bonito, emagrecer, ter barriga tanquinho. Nosso olhar está sempre para fora de nós, fora do nosso lar e do nosso amor. A família deveria ser o verdadeiro motor de tudo, é dela que virá nosso sucesso pessoal e, por consequência, profissional. E uma família começa com duas pessoas. E minha atenção toda está nessa pessoa.

Nada contra os livros que ensinam a seduzir um monte de gente, mas é muito mais fácil conquistar uma pessoa diferente por dia, do que a mesma todos os dias. Como fazer isso? É o que estou aprendendo e quero compartilhar com vocês. É conquistar o que realmente tem importância na nossa vida. Só é possível realizar seus sonhos e alcançar seus objetivos sendo um bom marido e um bom pai.

E nesse quesito tive excelentes professores de sedução. Não teria como não dedicar este livro à memória do meu irmão e do meu pai. Meu irmão era doce e amoroso, foi ele que me ensinou como se tratava as mulheres e eu, como irmão mais novo, só andava com a turma dele porque eu me achava feio, mas sabia que andando com eles ia aprender um pouco da arte da conquista. Mas ele me ensinou muito mais do que isso. Ensinou que na vida não existem limites. Ele tinha distrofia muscular e foi a primeira criança com este problema a nadar no Brasil.

Já meu pai me ensinou com o exemplo. A relação dele com a minha mãe foi tão amorosa, bonita e feliz que eu sempre quis isso para mim um dia. Sinto muita falta dele, ele foi o cara mais incrível que conheci em todos os níveis.

Sei que esta introdução está ficando um pouco

emotiva, mas juro que o objetivo do livro é ser divertido. Quem me conhece do Instagram sabe que o humor é uma das minhas marcas registradas e nesta versão impressa dá para a gente ser um pouco mais ousado e picante, sem se preocupar tanto com o *Family Friendly* do titio Zuckerberg.

Mas se além de divertir, eu conseguir ensinar às pessoas a se conhecerem e se amarem mais, eu vou ficar muito feliz. Aprendi que, além do amor, carinho e respeito, num casamento ideal você não pensa "o que eu quero dela", mas sim o que você quer dar para ela. É fazer a diferença na vida de uma pessoa que é tão importante para você. O resto eu ensino aqui no livro.

Então, vamos para o que mais interessa. Sei que vocês estão curiosíssimas para saber o que eu aprontei quando escrevi cada capítulo. Quero por último ressaltar que tudo o que lerão a seguir é assunto sério, mas tratado com humor, porque como já devem saber, eu não sei fazer diferente.

A cada capítulo apresentarei o que me motivou a escrever sobre tal tema, e após entrar em cena com as super-hiper dicas bombásticas, deixarei um resuminho para que fiquem afiados antes de irem ao próximo capítulo.

Vamos lá? Estou empolgado com a sua leitura!

Capítulo 1

Seduzindo com as tarefas domésticas

1

Motivação

Acreditem, esse é um dos assuntos que mais viraliza em minhas redes sociais. Sempre que posto um vídeo sobre o drama "Homem X Tarefas Domésticas", a mulherada vai ao delírio. Começa uma enxurrada de compartilhamentos, marcações no post e aquela gargalhada que demonstra o quanto a galera se identifica com a situação.

Poderia ser apenas divertido, se não fosse tão preocupante. Eu me pergunto: por quê? Alôôô, em que ano estamos? Por favor, chega, né?

Chama aí o parceirão para acompanhar a leitura deste capítulo. Garanto que você vai adorar o que escrevi para vocês!

Luz, câmera, fogão

Saber se virar em casa e ser bom de cama, mesa e banho é afrodisíaco para qualquer esposa e dá até para apimentar a relação.

Caso você não tenha ficado congelado nos últimos anos e só acordou agora, não é nenhuma novidade que os afazeres domésticos deixaram de ser exclusivos da mulher e que as tarefas de casa são divididas entre o casal. *Então, se você lava um prato ou dobra o lençol da cama esperando ganhar uma estrelinha no seu boletim de marido, lamento dizer que não vai fazer diferença, não fez mais que o mínimo.* É tipo querer passar de ano só por presença no colégio.

Agora, é possível aperfeiçoar suas habilidades como homem do lar e usar isso para mexer com os feromônios da sua patroa. No caso, patroa literalmente. Pode rolar uma fantasia apimentada de empregado doméstico sexy com a patroa gata. Com direito a férias, décimo terceiro e carteira assinada. Só que neste caso, apesar da CLT, você dorme no emprego. Ou melhor, fica bem acordado...

O elemento surpresa é um fator fundamental. Pense na sua esposa desesperada com a casa naquele estado caótico que parece uma área de guerra que precisa de intervenção da ONU. Está tudo fora do lugar e sujeira por todo lado: pilha de louça para lavar, chão empoeirado, banheiro que só vê água na hora que liga o chuveiro. Cortesia da ação implacável das crianças, pets ou serviço acumulado. Sua esposa sai de casa para resolver algo, mas não sem antes dar o ultimato: *esta casa está um chiqueiro, não dá mais para adiar. Quando eu chegar, vamos fazer um mutirão aqui e resolver isso.*

É a sua chance de brilhar. Imagina, sua esposa volta achando que vai ter que encarar uma casa considerada condenada pela defesa civil e ao abrir a porta dá de cara e é surpreendida com uma casa toda arrumada, limpa, um brinco. Sabemos que no sexo é muito importante o toque. E se sua mulher tem TOC por limpeza e arrumação, esta surpresa agradável e inesperada é mais deliciosa que caixa de chocolate. Já garante o primeiro orgasmo múltiplo do dia.

E acredite, você vai precisar deste primeiro orgasmo espontâneo, porque depois do esforço de todo este serviço doméstico nível *hard*, você não vai dar conta do vulcão que você colocou em erupção. Mas, certamente, ela não vai se incomodar que desta vez você vire para o lado e durma um pouco. E se prepara que sua patroa vai querer serviços de cama, mesa e banho. Vão fazer na cama, em cima da mesa e debaixo do chuveiro.

Lembre-se que o autor que vos escreve já é um homem maduro (só o fato de escrever "vos escreve" prova isso); portanto, não tenho mais aquela energia de limpar, lavar, arrumar a casa e ainda fazer uma hora extra de sexo com uma patroa exigente. Agora, se você está no auge da sua disposição física, depois de cumprir suas funções de diarista, ainda pode aproveitar para fazer outra surpresinha.

Assim que o serviço estiver concluído, já se prepara para esperar ela voltar completamente pelado. Tira toda a roupa e não esqueça de colocar na máquina de lavar. A última coisa que você vai querer é ver seu trabalho arruinado com sua esposa comentando: *já não te falei para não deixar roupa espalhada na casa?*

Aí é só esperar ela abrir a porta, mas não vai se revelar logo de cara. Espera ela apreciar e assimilar a surpresa de chegar em casa achando que ia ter um dia de Amélia e acabou tendo um dia de princesa da Disney, com a fada madrinha resolvendo tudo num passe de mágica. E daqui a pouco ela vai ver sua varinha... Com varinha não estou insinuando nada sobre o tamanho, não veste a carapuça.

Até porque o tamanho da varinha não importa, e sim a mágica que ela proporciona.

Pois bem, deixa ela ficar admirada, caminhando pela casa, absorvendo a surpresa enquanto ao mesmo tempo te procura e verifica se o serviço está 100% mesmo, para ela dar cinco estrelas. É *nessa hora que você dá aquela pegada, encosta ela na parede e vai arrancando a calcinha dela. Se ver que ela está molhada, já convida ela logo para ir para a cama. Não que em pé, encostado na parede não seja legal. Mas imagina, molhar o chão que você acabou de limpar.*

Brincadeira, é claro que pode fazer na parede, no sofá, no chão. Afinal de contas, qual é a graça de arrumar e limpar a casa se não for para bagunçar de novo?

E na cozinha, não vai nada?

Mas você só será um secretário do lar completo se além de lavar e passar, também for bom de comida. Refiro-me a ser bom na cozinha, para quem ainda está pensando na transa encostada na parede dos dois parágrafos anteriores.

Dizem que se conquista um homem pelo estômago. E a mulher também. A diferença é que enquanto o homem tem uma paixão cega pela mulher que acertou seu paladar, a mulher tem uma relação de amor e ódio. O mesmo cara fofo e atencioso que faz coisas que ela adora comer, é o mesmo filho da puta que está fazendo ela ganhar alguns quilos a mais.

Bipolaridades culinárias à parte, dá para criar um *plus* no cenário anterior. Colocar seu lado Rodrigo Hilbert para fora. Lembre-se que a medida da régua está alta, o Rodrigo Hilbert limpa, arruma, lava, passa, cuida das crianças, constrói casa na árvore, corta madeira e monta um barco, com o material que sobrou constrói um avião e... cozinha.

Então depois de fazer todo o serviço de casa, faça uma outra surpresa que é começar a preparar o almoço com o prato que ela mais gosta. Aí é só montar o cenário para quando ela abrir a porta:

Panelas no fogão, o cheiro do tempero no ar e você com um figurino especial de chef de cozinha. Completamente nu, só usando um avental cobrindo a parte da frente e deixando o bumbum à mostra.

Será uma imagem que sua esposa irá adorar. A não ser que ela seja da vigilância sanitária, aí corre o risco de ela querer interditar a cozinha por burlar alguma regra de higiene.

Pode ser que a combinação de casa devidamente arrumada, prato preferido sendo preparado e você de avental com a bunda de fora seja muita informação ao mesmo tempo. Os efeitos colaterais podem variar de paralisia, desmaio à vontade incontrolável de transar. Das duas uma: ou sua esposa vai achar que tomou a decisão mais sábia da vida ao casar contigo ou vai achar que você está escondendo alguma merda para estar sendo tão sensacional.

O que seduz a mulher no homem que sabe fazer os

afazeres domésticos não é uma questão de inversão dos papéis tradicionais (que já estão ultrapassados), mas sim saber que está ao lado de alguém que se importa com a casa, e por consequência com a família. Que toma para si a iniciativa de fazer as tarefas que são de todos, sendo acima de tudo um exemplo para os filhos não só como um homem de família, mas de alguém que é capaz de valorizar um dos trabalhos mais difíceis que existem e que não é devidamente reconhecido ou remunerado, que é o serviço doméstico. Aquele trabalho que ninguém quer fazer, e por que não o dar de presente, como uma surpresa, para quem você ama?

O que seduz a mulher é a pró-atividade e a vontade de acertar, não um serviço impecável. Porque vamos combinar: *Tem algo mais broxante para a mulher do que a figura do homem no sofá com a latinha de cerveja e com os ovos saindo da cueca?* Seja um Amélio. Amélio é que era um homão da porra de verdade.

Memorizar que é para garantir que farei sexo... ops, certo!

O que aprendi com este capítulo?

1. *Hora de me atualizar e aceitar que os tempos são outros;*
2. *Fazer tarefas domésticas não vai me arrancar a mão;*

3. *Posso usar minha pró-atividade doméstica para ficar bem na fita;*
4. *Uma boa refeição se faz na mesa, depois na cama;*
5. *Amélio sim, com muito orgulho.*

Capítulo 2

O genro que mamãe pediu a Deus

2

Motivação

Esse assunto não podia ficar de fora. Juro que consigo imaginar a mulherada com aquelas canetas marca texto, grifando praticamente o capítulo todo e entregando para o parceirão ler. Será que acertei?

E olha, se eu escrevi sobre esse tema, é porque sei que muitas mulheres sofrem tendo que fazer malabarismo naqueles momentos de reuniões familiares, tudo porque o machão não está nem aí para o que a família da mulher pensa dele. Se isso acontece com você, não ache que tem que ser assim. É preciso um esforço de ambas as partes para haver uma harmonia familiar. Mas o meu papo agora vai para o macho alfa aí da relação.

Luz, câmera, sogrão

Mais difícil que conquistar sua esposa é ganhar a família dela. Porém está longe de ser impossível.

Seduzir sua esposa não é fácil. Muitas vezes você acha que o jogo está ganho e é aí que mora o perigo: na acomodação.

A conquista é uma tarefa diária e exige certa disciplina.

Com a sua esposa você tem um trunfo que dá para dar uma "roubadinha": ela te ama. Então se você esquece uma data importante, não joga o lixo fora ou deixa a toalha molhada em cima da cama, pode ganhar um cartão amarelo, mas cartão vermelho só se for mesmo uma falta grave. Agora com a família dela o buraco é mais embaixo. Você não tem o benefício do amor ao seu lado, pelo contrário, tem a desconfiança e o preço da liberdade da sua esposa de ficar com você é a eterna vigilância dos sogros. Portanto, cuidado para não criar verdadeiros inimigos.

A boa notícia é que sabendo conduzir as coisas, você pode ter grandes aliados.

A sogra sempre foi um personagem típico das anedotas. Ela é retratada como aquele ser peçonhento e venenoso que deve ser combatido. Como se todas as sogras fossem o capeta e os genros uns anjos.

Sabemos que a história é contada pelos vencedores. Quem eram os grandes contadores de piada? Logicamente homens; portanto, genros. Imagina se no lugar do Chico Anysio, Costinha ou Ary Toledo, quem subisse no palco fossem senhorinhas? Imagina! O que elas não teriam para falar dos seus genros?

Curiosamente, um dos maiores detratores de sogra da história, o sambista Dicró, tem uma frase que fala bem da sogra e eu concordo:

"Eu amo minha sogra. Se eu pudesse, teria duas. Minha mulher que não deixa."

A piadinha é boa. Mas não é um bom começo para quebrar o gelo com a família da sua mulher. Saiba como fazer parte desta grande família sem ganhar o apelido de Agostinho Carrara.

Primeiro a mãe, depois a filha

Pense num tabuleiro de *War*. Conquistar o coração da sua sogra e outros dez territórios não é uma tarefa fácil. Você é uma pessoa que pode potencialmente partir o coração da filha dela. E como toda boa leoa, ela vai estar na defensiva para proteger sua cria. Por mais que pareça clichê, é verdade. *Se suas intenções são bacanas, esta energia positiva vai ser sentida pela sua sogra, e ela aos poucos vai se desarmar porque vai sentir que você é uma pessoa legal.*

Evite sempre conflitos. Se a sua sogra te fizer perguntas, responda com honestidade. Mentir para a sogra é pior que mentir no tribunal. Encare as perguntas dela como uma pesquisa censo do IBGE. Pense que quando ela estiver na sua, estes dados poderão ser usados para melhorar a sua vida e da sua esposa.

Nunca responda a provocações. Sempre que sua sogra mandar uma indireta, que às vezes é mais do que direta, exercite seu autocontrole. Respire, conte até dez ou esvazie sua mente. Vai deixando cada vez mais distante a voz dela e comece a imaginar que está numa outra dimensão flutuando entre as estrelas. E em sua direção vem a filha dela, também conhecida como sua esposa, completamente nua. Os dois peladões começam a ter uma transa cósmica. Só tente disfarçar o pau duro que esta abstração vai gerar.

Pratique meditação e se inscreva na aula de yoga para os primeiros jantares com a família da sua esposa. Isso vai permitir que você esteja cada vez mais zen e atinja o nirvana. No caso, o estado de espírito, não a banda *grunge*. A última coisa que sua sogra vai querer é ter o Kurt Cobain como genro. Diga não às drogas, e sim à sogra.

Ao perceber que sua sogra abriu a guarda, é hora de dar o bote (tá vendo como o genro também pode ser cobra?). Agrade ela, leve presentes, ouça as suas histórias, fique inteirado sobre as fofocas dos artistas e o que vai acontecer na novela. Trate sua sogra como sua segunda mãe. Se você é um bom filho, certamente será um bom genro. Senão, merece ficar de castigo.

E aê, sogrão?

Para se dar bem com seu sogro, a primeira regra é não chamar ele assim, ainda mais no aumentativo.

O pai da sua mulher tem um elemento a mais contra você que é o ciúme. Afinal de contas, é difícil para ele ter que lidar olho no olho com quem está comendo a princesinha dele. É a mesma coisa que estar assistindo a um filme de princesa da Disney e do nada o Alexandre Frota aparecer transando com a branca de neve e falando "demais!". É difícil simpatizar com o Frota neste cenário.

Por outro lado, você pode explorar uma pequena vantagem. Se você provar que procura uma relação estável e duradoura com a filha dele, ele pode ficar ao seu lado. Afinal, é melhor se acostumar com um único Zé Mané pegando a filha dele, do que ter que lidar com diferentes figuraças e peças raras em curtos espaços de tempo. Dos males, o menor.

Um ponto importante nas conversas com o sogro é evitar dar a entender que você e sua esposa em algum momento na história do relacionamento tenham, quem sabe, em algum momento, transado. Sua esposa é a mais pura, virginal, praticamente a nova versão da Madre Teresa de Calcutá. Se vocês transaram não foi por prazer, foi para fins reprodutivos e para presentear seu sogro com lindos netinhos.

Se parecer que você e sua esposa são um casal de amigos ou praticamente irmãos, fica mais fácil ainda para o teu sogro te adotar como filho. Na frente do sogrão é beijo no rosto, no máximo selinho. Beijo de língua daqueles barulhentos nem pensar.

Se você convencer que é um cara que busca um relacionamento sério e que respeita a filha santa dele (vamos trabalhar dentro do mundo idealizado de pai), a chance de virar amigo do sogro e até um dia poder chamar de sogrão é enorme. Vocês vão passar a fazer vários programas juntos: pescar, jogar futebol, caçar, partida de pôquer... Em todos os casos que tiver competição, deixa ele ganhar. Se você já ganhou o mais importante que é a filha e a confiança dele, o que mais tem a perder?

Cunhado é parente sim

Não vai nesta máxima de que cunhado não é parente. Não só é parente, como é aderente. Casou, os irmãos de sua mulher vêm junto.

Diferente dos sogros, os cunhados estarão ainda

mais presentes na vida do casal pela proximidade na idade. Seus cunhados agora fazem parte da sua família. Você não virou evangélico, mas de repente vai estar com um monte de irmão.

O cunhado se assemelha um pouco ao sogro. Tem ciúme da irmã. Se for irmã caçula então...

E tem um *plus*: se você foi bem-sucedido no *approach* com seus sogros, vai ter o ciúme do seu cunhado com os pais. Afinal de contas, quem é este cara que está sendo tratado como filho pelos meus pais e ainda come a minha irmã? Nunca tente se sobressair ao seu cunhado diante dos sogros. Sempre coloque ele para cima e enalteça as qualidades dele como filho. Quanto à sua mulher, não trate ela como santa como faz com seu sogro. Seu cunhado sabe muito bem do que a maninha dele é capaz.

Junto do cunhado, aproveite para tirar aquele sarro da sua mulher. Zoe manias, cacoetes e jeito de falar. Você vai apelar para o instinto mais básico do irmão cuja função social é zoar a irmã. Desta forma, toda vez que ele encontrar vocês, será um momento engraçado e nostálgico de quando os dois eram crianças e se zoavam.

Já no caso da cunhada, tome cuidado. Ela pode vir com sangue nos zoios dos *boys* lixos que conheceu e querer descontar em você. Prove que você é diferente. Primeira regra: por mais gata que seja sua cunhada, controle seu maxilar para a boca não abrir e nunca deixe escorrer a baba no canto da boca. Mas não é porque você deve ter o máximo respeito por sua cunhada que você vai deixar de elogiá-la. Enalteça suas qualidades, mas busque sempre o equilíbrio com a sua esposa. É no equilíbrio que está o segredo de tudo.

Se sua cunhada está meio puta da vida com os homens. Apresente a ela um amigo seu bacana. Não seja o pivô involuntário de uma inveja branca entre as irmãs. Se sua esposa conheceu alguém legal, sua cunhada também merece.

Portanto, esqueça os estereótipos de parentes do Zorra Total: a sogra jararaca, o cunhado folgado ou a cunhada gostosa. Todos eles são sua família agora e como nas melhores famílias, as brigas sempre acontecem, mas o amor prevalece.

Memorizar que é para garantir que a esposa ficará excitada, ops quis dizer despreocupada!

☞ O que aprendi com este capítulo?

1. *Devo buscar pertencer à família da minha esposa e não me excluir;*
2. *Preciso de paciência e amor para ganhar o coração da minha sogra;*
3. *Preciso ser inteligente para conquistar meu sogro;*
4. *Meus cunhados serão meus irmãos e aliados;*
5. *Posso ser o queridinho da família, depende de mim.*

Capítulo 3

A arte de fazer amigos e influenciar a Esposa

3

Motivação

A mulher que precisa abdicar da sua vida social, de seus amigos, para se encaixar em um relacionamento, não está sendo amada, e sim possuída. E se é uma grande história de amor que você quer viver, precisa entender que há espaços que precisam ser respeitados e um muito importante é o grupo de amigos.

Pô, cara, enxerga a galera dela como oportunidade de ser ainda mais amado e não como ameaça. Larga de ser babaca.

Escrevi este capítulo desejando de verdade que muitos relacionamentos rompam a barreira de ciuminho e possessão para algo de mais qualidade. Bora *lá, entender como isso pode ser tratado.*

Luz, câmera e "olha o amigão"

> **Um marido sedutor é aquele que vira amigo de infância dos amigos da esposa e não o que a afasta deles**

Seduzir é ser agradável, simpático e interessante não só para a sua mulher, mas também para as pessoas que a cercam, em particular seus amigos. Você pode não perceber, mas saiba que você está sendo avaliado o tempo todo pelo grupo de amigos. Se bobear, tem até um aplicativo que te dão estrelinhas ou um "Reclame Aqui" em que são publicadas queixas dos amigos sobre você. Existe o "Tinder" dos amigos em que você pode ou não ganhar *match*.

Antes de mais nada, é importante ressaltar que ser sedutor com as amigas da sua esposa não tem nada a ver com pegar elas, viu, ô vagabundo? É ser sedutor o suficiente para ganhar sua entrada VIP naquele grupo seleto.

Por mais que você tenha sido aprovado no ENEM do amor e tenha conseguido casar com a mulher dos seus sonhos, é importante lembrar que apesar de você ter se dedicado e feito a lição de casa para conquistar o coração da sua esposa, lembre-se que você ainda é um calouro nesta prestigiada faculdade. Existe todo um grupo de veteranos que já faziam parte da vida dela antes. E para ser aceito, vai ter que passar pelo trote.

A falta mais grave, passível de expulsão e cartão vermelho, é quando o marido afasta a esposa das amigas. 11 em cada 10 reclamações de amigas sobre o marido da esposa é a típica "desde que ela casou com esse cara, nunca mais ela saiu com a gente". Note que quando se usa a nomenclatura "cara" ao invés do nome próprio é porque a situação está ruim para ti.

Afastar sua esposa de amizades que existem muito antes de vocês se conhecerem dá uma leitura de possessividade, de alguém que quer exclusividade de atenção.

Ora, para ter uma voz feminina que só fala contigo já tem a Alexa.

Outro argumento muito comum é aquela frase "não gosto dessa sua amiga. Ela é má influência para você". Além de ser uma afirmação dúbia por não se saber o que está sendo julgado como má influência, não faz muito sentido porque se elas já são amigas há muito tempo, às vezes até desde a infância, e você está as separando, na real, a má influência é você.

Então, já que ficou claro que afastar sua esposa dos amigos não é uma opção, ao invés de ser quadrado, entre neste círculo de amizade. Aqui vão algumas dicas:

1. Primeiro encontro

Se a primeira impressão é a que fica, é importante que a primeira vez que sua esposa te apresentar para os amigos seja especial. Da mesma forma que você caprichou no primeiro encontro com a sua mulher, querendo impressionar: cortou o cabelo, pôs sua melhor roupa, caprichou no perfume, passou o enxaguante bucal...

Então da mesma forma que você se preparou para impressionar sua esposa no primeiro encontro, tente repetir a dose no encontro com os amigos. Aliás, a história do primeiro encontro é a grande atração da noite.

Capriche ao contar a história do primeiro encontro. Mesmo que não tenha tido nada fora do comum, dá uma exagerada. Deixa fluir o escritor e roteirista dentro de você. Dá uma floreada, cria uns personagens, inventa uns *plot twists* e deixa um gancho para a segunda temporada. Vai que fica uma história tão boa que vira a próxima comédia romântica estrelada pela Sandra Bullock.

2. Operação cupido

Agora que você foi bem aceito no grupo, tem que cultivar as novas amizades. Um jeito legal de atuar dentro do grupo é ajudar como cupido. Dar uma de *Tinder* analógico para as amigas solteiras. Não tem nada a ver com aquela ideia antiquada de "fulana está encalhada". Existem fases e estar solteira é opção. Solteira sim, sozinha nunca como disse algum poeta do funk.

Mas quem sabe o seu relacionamento é tão bacana, transmita uma *vibe* tão boa, que inspira quem está solteira(o) a ficar com vontade de namorar? É aí que entra a sua função de cupido. É uma oportunidade até de fazer um *crossover* entre seu grupo de amigos e o grupo de amigas da sua esposa.

Só fique atento nesta curadoria de pretendentes. Procure apresentar o amigo que combine com a outra pessoa. Se a amiga está querendo um relacionamento sério, não adianta apresentar o amigo baladeiro que adora pegação. Guarde ele para a amiga solteira que não está a fim de compromisso sério no momento. Se bobear, são estes dois que vão te chamar para ser padrinho de casamento daqui dois anos.

3. Amigo de mulher minha para mim é mulher

Falamos das amizades da esposa dando uma certa ênfase nas amigas, mas é bom destacar que existem os amigos homens também. Existe sempre aquele questionamento "existe amizade entre homens e mulheres?". Essa pergunta diz muito sobre quem a faz. Pare você mesmo para responder esta pergunta. "Você tem amigas mulheres que são uma amizade genuína ou sempre quis transar com todas?".

O problema é que sempre tem aquele amigo inteligente, rico, gato, musculoso, com o abdômen tanquinho, uma loucura menina. Aquele que você torce para ser o melhor amigo gay. E quando não é, o que fazer?

Primeiro, tentar disfarçar o ciúme e a insegurança de saber que a sua esposa tem o Cauã Raymond entre os melhores amigos. E se ela te falar que os dois sempre foram só amigos e nunca rolou nada, evite retrucar com a seguinte pergunta: "Mas por que não, se ele é tão gostoso?".

Se ela disse que nunca teve nada é porque não teve... Ou ela quer evitar que você fique mal de saber que ela já teve mais bom gosto antes.

Uma boa forma de lidar com o amigo galã da sua esposa é apresentar para ele sua amiga gata e gostosona que a sua esposa tem ciúmes e que não acredita de jeito nenhum que vocês sempre foram apenas amigos (entendeu como é estratégico ser o cupido do grupo?). Pronto, *shippa* os dois que você mata dois coelhos, ou melhor, dois gatos com uma cajadada só. E ainda contribui para que os dois se reproduzam e deixem mais pessoas bonitas no mundo.

1. Produtor cultural

Outra forma de ser uma pessoa bem quista entre o grupo de amigos da sua esposa é atuar como alguém da secretaria de cultura e não da FUNAI. Ou seja, nada de programa de índio. Seja sempre a pessoa que traz ideias interessantes de programação: o filme legal que está passando no cinema, o restaurante descolado que abriu ou o barzinho *hype* do momento. Evite ser aquele que propõe as chamadas "roubadas". Nunca seja aquele cara que ouviu falar de uma pousadinha super legal em São Thomé das Letras em que você fica integrado com a natureza, sem acesso ao stress da tecnologia como wi-fi ou energia elétrica, conhecendo toda uma variedade de espécies de mosquito.

2. Diplomado

Lembra que no início você era o calouro neste grupo de veteranos? É questão de tempo para você ganhar o respeito, virar um veterano e ganhar seu diploma. Seja sempre um cara participativo e proativo no grupo, nunca quem quer ser o centro das atenções e que faz com que tudo gire em torno de você. Seja destaque, mas sem ofuscar os demais.

E aí, conforme forem entrando novas pessoas no grupo, você pode agir como veterano e passar também seus trotes. E, lógico, caso uma das amigas comece a namorar e se afaste do grupo, meta o pau no "cara que afastou a Glorinha de vocês".

O mais importante nessas dicas é que você mantenha sempre um espírito agregador. Faça parte do ciclo de amizades da sua mulher. Junte os seus amigos com as amigas da sua mulher. Promova *matchs, shippe* casais e monte um grupo no Whatsapp com todo mundo. Com certeza você irá criar amizades duradouras. Até alguém resolver começar a falar de política...

Memorizar que é para deixar os amigos de quatro!

☞ O que aprendi com esse capítulo?

1. *Antes de mim, já existiam outras pessoas na vida da minha esposa;*
2. *Preciso respeitar seu círculo de amizades;*
3. *Ao invés de afastar ela dos amigos, posso proporcionar uma interação de melhor qualidade: comigo junto;*
4. *Posso ser o heróizão da turma;*
5. *Minha esposa terá ainda mais tesão com as amigas falando bem de mim.*

Capítulo 4

Seduzindo a si mesmo

4

Motivação

Não tenho nem muito o que explicar. Homem precisa se cuidar para ter a sua autoestima em dia e com isso se sentir capaz de dar e receber amor.

Escuto muitos relatos de mulheres preocupadas com o parceirão, porque é isso, mulher se preocupa. Poderia deixar de amar, trair com o primeiro cheirosão que aparece, mas não, elas ficam inquietas querendo fazer algo para ajudar e promover o bem-estar do seu amado (com algumas exceções, eu sei). Então, esse assunto não pode deixar de ser tratado como ferramenta de sedução, mas também como um alerta para a macharada.

Concorda? Então avança, vamos lá tratar desse assunto.

Luz, câmera, gostosão

Um homem com autoestima muitas vezes provoca autoestímulos nas mulheres.

Sempre se exigiu da mulher uma preocupação com a estética, muitas vezes tendo como parâmetro um padrão de beleza inalcançável de modelos capas de revista. Nem as modelos conseguem alcançar esse padrão, visto que é impossível competir com elas mesmas no Photoshop. E ainda tem a cobrança da idade. Passou dos trinta, já tem que correr para casar e ser mãe. Com quarenta já é "velha" e pode ser trocada por duas de vinte.

É por isso que além de ter que se destacar no mercado de trabalho, ter mais uma jornada em casa, a mulherada está sempre noiada com a estética. É academia, crossfit, procedimento estético, silicone, reeducação alimentar, depilação, duas horas fazendo pé e mão, mais três horas fazendo o cabelo... Só de repassar esta rotina deu uma canseira.

Agora pense se uma mulher que passa por toda esta epopeia para ficar toda gata e gostosa, vai encarar um marido sedentário, com a barriga saltando da camisa, que a esta altura já virou uma baby look, com a latinha de cerveja na mão, meia furada no dedão e sem tomar banho. Se liga, a mulher vem cada vez mais conquistando sua independência financeira e assim como ela se cuida, o mínimo que você pode fazer é se cuidar também.

O fato é que a mulher não se embeleza para o homem e sim para ela mesma. É um ponto de partida que nós homens deveríamos também seguir. Olhar no espelho e ver se "tá legal ou precisa mudar?". Não se trata apenas de uma questão estética e superficial. Muitas vezes sua aparência externa reflete que algo internamente não está legal. E se algo não está bem, por que não mudar?

A vaidade na mulher sempre foi hiper estimulada, de maneira muitas vezes tóxica, e no homem reprimida. A primeira leva de homens que se preocupava com a aparência foi chamada de metrossexual. Algum tempo se passou e hoje já estamos no quilometrossexual.

E que bom que o homem passou a se cuidar, se

preocupar com o corpo, pele, cabelo. Em muitos casos, alguns cuidados considerados estéticos, na verdade são cuidados com a higiene. Que os homens evoluam para cada vez mais longe do assédio sexual e se dediquem ao asseio sexual. Este sim, a mulher agradece.

Tanque em casa

Enquanto os militares às vezes querem colocar os tanques na rua, as mulheres querem um tanquinho em casa.

É muito comum os homens casados relaxarem e começarem a cultivar a famosa «barriguinha». Por que quando se está solteiro o homem se preocupa em estar saradão e casado chuta o pau da barraca? Pare para pensar em como este raciocínio é equivocado. Você cuida da aparência e da forma física quando está solteiro para conquistar mulheres em baladas e afins.

Essas relações em geral são *one night stand* ou breves *affairs*. Ou seja, você dá o melhor da sua aparência para alguém com quem terá uma breve convivência e é totalmente desleixado com quem irá compartilhar boa parte da sua vida, seus sonhos e experiências. Seria mais lógico inverter a situação. Ficar mais cheinho no tempo de solteiro. Já que na balada ou no Tinder o objetivo maior é o jogo da sedução e da pegação, você não estar tão em forma aumenta o desafio. Você aprimora seu xaveco e sua abordagem.

Já a sua esposa que está contigo na saúde e na doença, na riqueza e na pobreza, merece, pelo menos, a sua melhor versão. Acredite que conquistar uma pessoa diferente todo dia é muito mais fácil que a mesma diariamente.

É lógico que sua mulher vai te amar do jeito que você é. A mulher é muito menos visual e superficial do que nós. Mas não custa fazer um agrado para sua cara metade. Faz tempo que a mulher largou o tanque e passou a apreciar mais o tanquinho. Mas antes de mais nada, faça também por você. Deixa o espírito narcísico baixar. Faça dieta, treine e quando estiver se sentindo um deus grego... Fique nu na frente do espelho, admire-se, excite-se consigo mesmo e, finalmente, foda-se.

Um dia de príncipe

É importante ter a mente aberta de que vaidade e cuidados estéticos não são exclusividades femininas e nem te fazem “menos homem”. Ao contrário, fazem você um homão da porra. Como diria o poeta Pepeu Gomes “ser um homem feminino não fere o seu lado masculino”.

É importante os cuidados com a pele. Tem uns caras com a pele tão oleosa que dá para fritar um pastel na cara deles. Cuidar da pele é importante. Consulte sempre um dermatologista e escolha um centro estético de confiança. Aliás, assim como as barbearias estão virando ambientes masculinos com cerveja artesanal e mesa de sinuca, o mesmo modelo de negócios poderia ser aplicado aos centros de estética voltados para o público masculino.

As espinhas do rosto devem ser combatidas. No resto do corpo, principalmente nas costas, deixe algumas para sua mulher se divertir. Todos sabemos que espremer cravos e espinhas é a Disneylândia da mulher. Então não fique puto se ela quiser ficar horas espremendo suas espinhas. O dia que inventarem um boneco inflável que a mulher pode espremer espinhas em forma de plástico bolha sem estourar o boneco, nós homens iremos perder a utilidade.

Corte o cabelo, apare a barba. Isso não quer dizer que você vai adotar o padrão "boyzinho". Você pode e deve fazer cortes chavosos e estilosos que combinem contigo. Manda ver no moicano, no cabelo punk ou até na máquina zero. Ter estilo mostra que você tem personalidade. Mexa no seu cabelo e dê pistas do que você tem na cabeça.

Depois do tratamento de pele, do corte de cabelo estiloso, barba bem aparada e cuidada, você pode partir para drogas mais pesadas como fazer pé e mão. Você chegou na cracolândia da metrossexualidade. E vendo o *feedback* legal tanto da sua esposa como para sua autoestima, digo a você que é uma viagem sem volta.

Ah, e não se esqueça de se perfumar. Mulher ama homem cheiroso. Nada do chamado banho CSC, que lava apenas cabeça-saco-cu. Tome um banho demorado. Lave as orelhas (lembre-se, sua mulher vai pôr a língua lá), costas, entre os dedos dos pés. Esteja munido de shampoo, desodorante, enxaguante bucal, perfume, spray para os pés. Espante qualquer resquício de fedentinas ziquiziras. Fique cheiroso a maior parte do tempo para poder feder à vontade no pós-sexo selvagem.

Apelo à razão

Não importa se a sua mulher tinha um crush no lobisomem do crepúsculo ou era fã do Tony Ramos nas novelas. Pare de inventar desculpas para não se depilar. Muitas vezes, além dos locais tradicionais, vemos verdadeiros ambientalistas cultivando pelos no nariz e no ouvido. Parece até uma plantação de bonsai. Estes caras eu mesmo tenho vontade de pegar uma tesoura e cortar.

Esta história de que mulheres curtem homens peludões é balela. Se fosse assim, o King Kong terminaria com a mocinha no final. Os pelos muitas vezes atrapalham a diversão. Na hora da festinha, do glorioso boquete, o pelo na região atua como um verdadeiro empata foda, fazendo a mulher engasgar. Por isso é chamado de pentelho.

E se a sua parceira morrer engasgada não é motivo suficiente, aqui vai uma dica: depilar os pentelhos e deixar tudo lisinho dá uma aumentada no seu pau. É o *enlarge your* pênis natural. Aliás, este é um truque que os atores pornôs usam. E a chupada dela com a área livre vai parecer de atriz pornô também. Então já sabe, rapa tudo. Ele vai ficar depilado, maior e mais duro. O apelido dele agora vai ser The Rock.

Mas nem só de pau viverá o homem... É legal passar uma máquina zero por todos os pelos em excesso. Inclusive lá... Sim, onde o sol não bate.

Sim, sua mulher não fala por educação, mas certamente ela tem uma leve ânsia quando vê aqueles pelinhos que ficam logo na entradinha do rego. Na hora baixa o

Ricardo Salles nela que fica doida pra desmatar aquela região. E geralmente quem tem estes pelinhos, é quem costuma também pagar cofrinho.

Dá para vocês transformarem esta depilação num momento gostoso a dois. Ela pega a maquininha de barbear e vai tirando os pelos do seu corpo sempre com beijinhos e chupadinhas. Você não vai assumir, mas até a depiladinha perto do rego você vai curtir. É tipo uma versão light do fio terra. Ou um preparatório.

Não caia nesta bobagem de que mulher acha que homem que se depila perde a masculinidade. Mulher pode não gostar muito de homem liso, mas lisinho elas se amarram.

Memorizar para eu deixar de ser só Tarado para ser também Sarado!

O que aprendi com este capítulo?

1. *Autocuidado não é coisa de mulherzinha;*
2. *Minha esposa espera que eu também me cuide;*
3. *Preciso me sentir bem comigo mesmo;*
4. *Minha aparência diz muito de como estou por dentro.*

Capítulo 5

Preliminares, seduzindo em suaves prestações

5

Motivação

Ui, deu até arrepio. Que gostoso falar disso. Ué, para você não? Pois deveria!

A cada 10 mulheres insatisfeitas sexualmente, 10 NÃO SÃO estimuladas corretamente (estatística do Dr. Dúlio Rocha, meu gêmeo, hahaha). Se você faz parte dessa estatística de fonte confiável, pega um papel e caneta (ou sei lá o quê você preferir) e vamos aprender sobre o assunto. Uuuuhhhhhh!

Antes, um versículo para refletirmos:

"Você recebe o que você dá. Você colhe o que planta."

Julios, cap 5

Luz, câmera, tesão

Uma forma de não deixar o relacionamento cair na rotina é investir nas preliminares, a arte de comer pelas beiradas

Nada pior para um relacionamento do que quando o sexo se torna algo mecânico. Ainda mais quando esta situação se torna literal: do sexo ser tão raro entre o casal que a sua mulher quando leva o carro na oficina acaba transando com o mecânico.

Por isso, é importante que o relacionamento seja igual a um crematório: tem que manter a chama sempre acesa. Para isso, nada melhor do que usar como recurso as preliminares.

A preliminar é como um prefácio de um livro. É o que antecede a introdução. Por isso se associa as preliminares às carícias sexuais iniciais que começam com aquele esfrega-esfrega com ambos ainda de calça, beijos, chupadas e acessórios como chantilly, morango, algemas, chicotes, cremes, calcinha comestível, vendas e "otras cositas más". Só que na realidade as preliminares começam bem antes disso.

Existe todo um planejamento, preparação e construção o clima de sedução e erotismo que podem levar um ou mais dias. Calma, não estou falando de sexo tântrico. Mas de toda aquela expectativa que é criada ao longo do dia com pistas, conversas picantes, e toda a preparação de um cenário adequado para a fantasia do casal. Então para irmos devagarinho e sem pressa, aqui vão as principais etapas das preliminares.

Papo quente

Um clima de sedução começa sempre com uma boa conversa. Quem é casado e tem aquela convivência diária geralmente tem aquele papo considerado só para adultos: a lista de compras do supermercado, pagamento de boletos, escola dos filhos, plano de saúde... Enfim, aqueles papos que adultos costumam ter. Já as conversas safadas e picantes em cima das fantasias sexuais acabam perdendo espaço para a realidade.

A convivência rotineira no mesmo ambiente corta um pouco do clima sexual. O fato de ambos estarem ali disponíveis tira um pouco do desafio e do mistério que envolvem a sedução. Por isso, um pequeno obstáculo é sempre bem-vindo.

A provocação pode iniciar quando vocês estiverem em ambientes separados, como você no trabalho e ela em casa ou vice-versa. Isso já dá aquele ar de proibido que é sempre excitante. No meio do expediente, principalmente naquele dia que você está procrastinando o serviço e já está na terceira rodada de paciência, inicie uma conversa picante por Whatsapp com a sua mulher. Só cuidado para não se enganar e mandar esta mensagem para o grupo do trabalho e ganhar uma justa causa.

Até o papo erótico tem também as suas preliminares. Não dá para a primeira mensagem que você mandar ser "vou meter meu caralhão veiudo nessa bucetona". Calma, "véio".

Começa perguntando como as coisas estão em casa, pergunta sobre a roupa que ela está vestindo, pede para ela mandar foto, diz o que você faria se pudesse sair agora do trabalho e como iria tirar cada peça de roupa dela. Conversa vai, conversa vem, você em breve vai receber um nude. E lógico, como pessoa educada que é, retribua o nude. Mas antes conta os efeitos que esta conversa está causando em você. É literalmente o viagra natural, já que a visualização do zap é o azulzinho.

Vá discretamente ao banheiro e manda uma foto ou vídeo do meninão em ponto de bala e se ele estiver depilado você tem mais vantagem. Lembra do truque de ilusão de ótica que falamos que dá com a depilação? Senão, volte ao capítulo do Seduzindo a Si Mesmo.

Não esqueça do fone de ouvido porque já que você fez o *cosplay* do negão da piroca (lembre-se que estamos no terreno da fantasia, não em uma disputa pau a pau realista), sua esposa vai te mandar em troca o gemidão do Whatsapp. E desta vez você vai clicar no gemidão consciente. Por isso, esteja com o fone de ouvido para ninguém mais saber que sua mulher está bancando a Eliana e brincando com os dedinhos. Você nunca vai ficar tão feliz de ouvir um áudio com mais de um minuto como agora. Aliás, para a mulher, este tipo de erotismo tecnológico é muito mais comum. Enquanto para a gente a masturbação sempre foi manual e analógica, a da mulher sempre foi digital.

Já você saiu no lucro. Você está num lugar que precisa entregar uns *jobs* e já tem inspiração para começar um *hand job*. Mas cuidado, lembre-se que a brincadeirinha vai continuar ao longo do dia. Deixa para gastar o cartucho para a impressão completa do documento em Word. Não desperdice escrevendo à mão.

Se você acha que dá conta, já manda um vídeo tocando aquele punhetão no banheiro da firma. Sua esposa vai ficar excitada vendo você se masturbar por causa dela e também pela sua boa coordenação motora de equilibrar o celular numa mão, o pau na outra e ainda se inclinar para não desplugar o fone de ouvido do celular. Nesta hora, se você não tivesse costela, poderia pagar um autoboquete igual o Marilyn Manson.

Preparativos

A conversa quente no horário do expediente foi só um aperitivo do que está por vir. É aí que entra toda a questão do planejamento. Mande uma mensagem para sua esposa perguntando se chegou uma encomenda para ela.

É que neste mesmo dia você já deixou guardado em casa um presente especial para sua verdadeira patroa. Um vestido sexy que valoriza o que sua esposa tem de melhor. Pode ser aquele decotão que destaca os seios ou aquele vestido que deixa as costas nuas se sua mulher é daquelas que gosta de estimular o ódio nas outras ao esfregar na cara delas que está magra e qualquer roupa fica confortável. Na embalagem do presente não esqueça de incluir também o famoso bilhetinho "vista isso hoje à noite". Se o cartão de crédito permitir, compre também um sapato de salto alto, porque nenhuma mulher jamais vai se incomodar de ganhar um sapato, além de ajudar a compor o figurino de vestida para matar.

Logicamente, depois de toda a conversa pelo zap o que você está menos interessado neste dia é no trabalho e está contando as horas para chegar no fim do expediente. Vai ser aquele típico dia em que chega 29 de fevereiro, mas não dá seis da tarde.

Fim do expediente. Despede rápido dos amigos, corta o papo furado de rádio corredor. *Happy hour* então nem fudendo. Vai correndo para casa de carro e torce para pegar só sinal verde. Sua esposa já vai estar te esperando na porta super sexy com o vestido. Relembrando os tempos gloriosos que você saía da faculdade ou do estágio para buscar a namorada que você não tinha a oportunidade de ver todo dia.

Leve-a para o restaurante que ela gosta ou que faz parte da história de vocês dois. Um pouco de romantismo também é um bom incremento das preliminares. A safadeza é importante, mas sua esposa tem sempre que se sentir especial e que você esteve atento a vários detalhes.

Para a noite ser especial, você não pode ser apenas um cara doido para transar. Embora você esteja mesmo doido para dar aquela descabelada no palhaço, tente controlar a falta de oxigenação no cérebro com o sangue sendo bombeado para outra área. Por isso, use este tempo para beber um vinho, comer algo leve (do restaurante, não a sua mulher ainda) ajuda a dar aquela baixada de bola necessária. Mas ao longo do jantar, vocês podem começar os joguinhos...

Depois da entrada, o prato principal pode vir acompanhado de assuntos mais picantes, relembrar a conversa que tiveram mais cedo e até brincar de verdade ou consequência ali no restaurante. Uma das consequências será propor que ela tire a calcinha por debaixo da mesa do restaurante e te entregue.

Se a calcinha estiver ligeiramente úmida, você pode tirar duas conclusões: ou a máquina de lavar é muito boa e não deu tempo de secar, ou está na hora de pedir a conta e você vai provar a sobremesa em outro lugar.

Preliminar, liminar e pós-liminar

Depois de todo este preâmbulo, chegamos ao *grand finale*. Você já passou pelo ensaio, está na hora de estrear a peça. Já treinou, agora está na hora de começar o jogo. Passou o ano inteiro no barracão da escola de samba, agora é hora de entrar na Marquês de Sapucaí. Acho que já está claro, né? Chega de analogias.

Mas isso não quer dizer que agora é tirar a roupa e copular. Nada disso. É agora que tudo tem que ser feito com a maior calma possível e sem pressa. Lembra a história do romantismo? Está na hora de pôr para fora o Fábio Jr que tem dentro de você. Sem a parte de ter vários casamentos e de ser pai do Fiuk.

Aí fica a gosto do freguês, ou melhor da freguesa. Arruma aquele quarto especial no motel, num hotel, quem sabe até uma pousada ou chalé. Pode fazer aquela típica decoração com pétalas de flor em volta da cama, velas aromáticas e banheira de espuma. Depois deste momento filme romântico, chegou a hora do filme erótico, aquele *soft porn* estilo 50 Tons de Cinza ou 365 Dias, aqueles filmes que mulher considera pornô, mas para gente é sessão da tarde.

É hora de colocar aquela música ambiente, estilo trilha sonora de Verdades Secretas. Põe uma venda nos olhos dela, tire delicadamente o vestido, deixando ela só de calcinha e salto alto deitada na cama.

Temos aquelas situações clássicas como passar uma rosa no corpo dela, derramar uma bebida e ir lambendo tudo, depois colocar chantilly, morango. Mas cuidado para não comer muito e soltar aquele peido na hora H.

Mas a sua criatividade é o limite. O que foi descrito acima é quase que um *template*. Você pode dar uma adaptada e personalizar para o gosto do casal.

Depois do romantismo e do erotismo, chegou o momento pornozão, aquela hora de pôr em prática todo o EAD que você fez no Xvídeos. Aí vale tudo: algema, lubrificante, KY, chicote, palavrão, xingamento, tapinhas consensuais, baixaria, cintaralha (ops, melhor apagar este último).

E aí, foi bom para você?

Ao fim, os dois estarão nus, suados e abraçados na cama, ainda com o corpo tremendo com os efeitos da imersão sexual em que estiveram. Mas essa foda épica só foi possível por toda a construção que aconteceu antes. As preliminares são como uma versão pornô do disco do Rappa: a saliência que precede o esporro.

Memorizar que é para ter isso todo dia!

☞ O que aprendi com este capítulo?

1. *Não posso dar lugar ao mecânico;*
2. *Preliminar não é beijo antes do sexo. Caralho,*

quanto tempo eu perdi!;

3. *Preciso ser criativo. É urgente!;*
4. *Se eu souber investir na preliminar, verei o paraíso.*

Capítulo 6

O que seduz mais? Um homem de valor ou de valores?

6

Motivação

Este capítulo é para aquele camarada que deposita toda a sua confiança no dinheiro que tem (ou que acha que tem). Para o cidadão que tem a sorte de ter um mulherão potência, e acha que basta enchê-la de coisas materiais para suprir todas as necessidades dela.

Na real, o que uma pessoa espera quando está em uma relação? Sério que tu acha que é dinheiro? Eu sei tem as exceções... Mas estou falando aqui do meu público, porra. Sei que as mulheres clamam por um cara que tenha valor, e quando digo valor, o dinheiro está longe de ser o significado.

Vamos lá!

Luz, câmera, cartão

A parte que a mulher mais repara no corpo do homem é o bolso ou o dinheiro, e o que sobra pro cara que não cuida do resto?

— Mulher gosta de dinheiro! – diz o machistão orgulhoso de sua própria "sabedoria".

E aí, eu venho com a seguinte pergunta: e quem não gosta? Desde quando os homens fizeram voto de pobreza e só as mulheres passaram a se importar com bens materiais?

É lógico que um homem rico pode usar isso a favor

da sedução. O dinheiro permite que você possa investir numa casa bonita, um carrão chamativo, ternos elegantes, tratamentos estéticos, além do que o dinheiro sempre vem acompanhado de poder. E o poder é sempre afrodisíaco. Vira um poder com "PH".

No entanto, o dinheiro cria um obstáculo a mais no que diz respeito a relacionamentos. Fica cada vez mais difícil saber se as relações afetivas, de amizade e até familiares são reais. Basta pensar em quantos primos distantes aparecem quando alguém ganha muito dinheiro.

São comuns os relatos de gente que ganhou na loteria ou foi campeão de um *reality show*, e algum tempo depois perdeu tudo. Da mesma forma que é preciso saber administrar sua grana para que ela renda em termos financeiros, sabendo onde e como investir, também é preciso ter cuidado da forma que será usado o dinheiro para conquistar e seduzir.

Não sou o mais apto a dar conselhos financeiros, até porque estou precisando de dicas neste sentido. Mas posso falar se o dinheiro melhora ou não o relacionamento. E vou dar uma resposta objetiva: depende.

O dinheiro só faz sentido se for capaz de proporcionar bons momentos para você e para quem você ama. A felicidade está no que o dinheiro pode proporcionar e não no valor acumulado. Sua mulher tem que sentir que está comemorando junto contigo suas conquistas e não que foi "comprada" pelo seu dinheiro para estar ali apenas para servir de troféu ou ornamento.

A apreciação da sua mulher vem de algo mais

profundo do que pessoas oportunistas eventuais. Vem de um lugar muito mais bacana que é a admiração.

Estamos num sistema capitalista em que uma das formas de reconhecimento de um bom trabalho é a remuneração. Logo, se você passa a ganhar bem, isso faz com que sua esposa tenha aquele orgulho da sua vitória.

O fato de ser bem-sucedido traz à tona qualidades sedutoras como a determinação, resiliência, responsabilidade, maturidade, talento e competência. São essas características que irão atrair uma pessoa que queira crescer junto contigo. O que é diferente de atrair pessoas interesseiras em busca de dinheiro. Aquela pessoa que fala "meu bem", mas na verdade quer dizer "meus bens".

Se sua esposa está contigo antes de você ter ganho seu primeiro milhão é porque talvez ela já enxergasse este teu potencial antes mesmo de você. E se ela se sentiu atraída pelas suas características, será muito mais fácil encarar altos e baixos. E talvez seja a pessoa fundamental para que você possa se reerguer.

O importante é não mudar sua forma de ser por estar inebriado com o poder que o dinheiro pode proporcionar. Senão, pode ser até prejudicial para o seu relacionamento e periga sua mulher preferir sua versão mais pobre. Assim como nas finanças, é preciso investir no seu relacionamento e por que não aproveitar o período de vacas gordas para fazê-lo? Aqui vão algumas dicas de investimento no relacionamento.

Invista na bolsa

Assim como no mercado financeiro, para fazer render seu relacionamento, invista na bolsa. Aí tem que ver que tipo de bolsa sua mulher prefere: se é da Gucci, Arezzo ou Louis Vuitton.

Presentear a esposa é que nem título de eleitor: pessoal e intransferível. Requer anos de convivência e também de observação para saber do que ela gosta. Fora os *updates*, porque corre o risco de você presentear com algo que ela adorava e ouvir "hum, mas isso é tão 2019...".

Uma dica que dou é sempre escolher para namorar e casar uma mulher inteligente. Não se trata de um conselho típico do He-Man que busca uma elevação moral ou espiritual. É por uma questão de praticidade: é sempre mais fácil comprar livros ou DVDs do que bolsas e sapatos. Mas a gente aprende.

Outra coisa que brocha qualquer mulher é pão duro. E isso não tem nada a ver com ser perdulário e gastador, até porque em muitos casos isso pode levar a família à falência.

Quando se fala em pão duro é aquela pessoa que tenta economizar em tudo. Fiscaliza todas as luzes que estão acesas, faz questão de receber os centavos do troco, corta o creme dental para usar o último resquício da pasta de dente, usa água do chuveiro para fazer render o shampoo e usa o sabonete até ele quase acabar. Aí junta com os demais restos de sabonete para fabricar um novo sabonete. Tem outros exemplos, mas vou economizar.

Logicamente sua esposa vai entender as

dificuldades financeiras que qualquer casal pode enfrentar juntos e que às vezes é preciso mudar o padrão de vida. Ser econômico é uma coisa, ser mesquinho é outra. Agora, a mulher não gosta de homem pão duro, já de pau duro...

E na poupança?

Outro investimento importante é nos tratamentos estéticos. Pode ter um implante para aumentar a poupança, mas geralmente começa com um silicone nos seios. Todo este tipo de procedimento estético é delicado, não só do ponto de vista médico, mas do relacionamento. Nunca ouse dizer que ela ficaria melhor com mais peito e mais bunda, porque corre o risco de ela pegar a faca e te deixar com menos pinto.

Se ela falar que está pensando em dar uma aumentada nos peitos ou deixá-los mais firmes, seja aquele que, aparentemente, é indiferente à ideia: "Para mim está ótimo do jeito que está, mas se você quiser, eu topo."

E fora isso tem as cirurgias plásticas de nariz, bochecha e até a famosa harmonização facial. Afinal de contas, não existe mulher de homem bem-sucedido que não faça alguma plástica. Nem que seja um *peeling*, só para não ficar deslocada na conversa com as demais colegas.

Porém, é importante não deixar que a cirurgia plástica vire uma espécie de vício ou compensação e que tudo seja pretexto para uma nova plástica. Senão depois de vários procedimentos e harmonizações faciais você não irá mais reconhecer sua alma gêmea e vai achar que casou com o Eduardo Costa.

Se a grana não dá para os tratamentos estéticos, matricule sua mulher na academia e use aquelas roupas de lycra que dá aquele *up* e deixa até meu avô gostoso. Assim, com um investimento pequeno dá para dar aquela rendida na poupança.

Cartão sem limites

Outra forma de investir no relacionamento é dar aquele cartão que, assim como a zoeira, também não tem limites. Mas é importante estabelecer os seus limites. É como uma espécie de dieta em que você segue uma educação alimentar. A mesma coisa é a educação financeira.

Na maior parte do tempo sua esposa deve usar de forma comedida e saudável o cartão de crédito. Mas pode, de tempos em tempos, ter o dia do lixo das compras. Ela vai com o cartão *black* e faz a festa. Dá pra guardar para ocasiões especiais como aniversário, feriados e datas comemorativas.

Existia uma piada antiga que dizia que o Ponto G fica localizado no shopping. Ledo engano. Continua localizado onde você não costuma encontrar mesmo. Assim como no item anterior, não se pode deixar que o cartão substitua sua presença como marido.

Pense que tratamentos estéticos, presentes ou cartão são apenas mimos que você pode se permitir dar devido a uma situação mais privilegiada. Agora, jamais podem ser a substituição da sua presença como marido. Um cartão sem limites agrada a mulher, mas um sexo sem limites é muito melhor.

Fecha a conta

Já vimos muitos casos de homens ricos e poderosos que acabaram sacrificando seus relacionamentos em busca de mais grana e compensando sua ausência com mais cartões sem limites ou tratamentos estéticos. Isso acaba virando um ciclo vicioso em que se precisa de mais dinheiro para compensar a ausência gerada pela busca de mais dinheiro. É por isso que volta e meia vemos esposas de milionários pedindo divórcio.

O segredo está em não deixar o dinheiro mudar você. Se sua companhia é bacana, vocês terão bons momentos para lembrar tanto da época vacas magras como das vacas gordas, não importa. Literalmente, serão felizes na riqueza e na pobreza.

Memorizar que é para o sexo não virar gorjeta

☞ O que aprendi com este capítulo?

1. *O dinheiro não me faz mais homem;*
2. *Ter dinheiro só trará mais felicidade se for utilizado a dois;*
3. *Preciso investir na minha esposa;*
4. *Tenho que ter cuidado para não deixar o dinheiro me transformar em uma pior versão;*
5. *Dinheiro não substitui minha presença.*

Capítulo 7

Sensível com "S" de Sedução

7

Motivação

O ano é 2022, e ainda vejo uma enxurrada de macho querendo demonstrar virilidade na cara fechada. Basta olhar as fotografias dos perfis, o tom em que comentam alguns posts.

"Preciso mostrar que sou homem, deixa eu me endurecer aqui", (basta o pau meu amigo, a cara não precisa).

Este capítulo escrevi pensando nesse homem que vive como se precisasse estar revestido em uma armadura da dureza, da voz grossa, da pose de macho.

Calma, amigo! Me dá aqui um abraço (sério, abraça o livro). Desarma, está tudo bem.

Vamos ler este capítulo de coração aberto, alma tranquila. Eu sou Julio, homem, pai, marido, macho e quero te dizer que está tudo bem exalar sensibilidade. Isso nunca me fez menos homem, pode confiar (está tudo funcionando por aqui).

Luz, câmera, coração

É possível ter sensibilidade, ser fofo e não perder a **pegada**

Existem máximas do tipo "homem não chora", "isso não é coisa de homem" ou "homem não quer compromisso sério". Tudo isso são mitos que acabaram virando uma espécie de verdade que foi sendo propagada ao longo do tempo, mas que felizmente vem sendo desconstruída.

A ideia de as mulheres preferirem os ogros, *bad boys* e os insensíveis existe porque muitas vezes essa é a única ideia de masculinidade que é repassada a elas. Então quando alguém sai deste tipo de comportamento pré-estabelecido, é visto com estranheza num primeiro momento.

Quer dizer, isso acontecia. É cada vez mais comum que os comportamentos e atitudes não sejam definidos por gênero e sim pela personalidade. Os papéis tradicionais tanto do homem quanto da mulher já foram trocados, subvertidos e reinventados tantas vezes que a imagem que temos do que é ser "homem" ou "mulher" tem muito mais camadas e dimensões do que antes. Ainda bem.

É cada vez mais comum vermos homens que não têm vergonha de chorar, que participam ativamente das tarefas domésticas, da criação dos filhos e que não têm vergonha de expor seus sentimentos. A ideia de que ser fechado e frio te faz mais corajoso é equivocada. Ao contrário, é preciso coragem para assumir seus medos, erros e fraquezas.

Um homem considerado covarde era chamado de "mulherzinha". Não existe ofensa mais errada do que essa. A mulher dá à luz uma criança e aguenta firme a dor do parto. O dia que o homem der luz a uma criança saindo pela cabeça do pau, aí sim pode dizer que é machão. Mas muitos não aguentam nem acompanhar o parto.

Já existe um certo consenso, embora isso ainda

vá avançar mais, que aquela masculinidade mais tóxica é prejudicial não só para as mulheres, mas também para os próprios homens. Ser impedido de mostrar seus sentimentos, não poder chorar e até mesmo se apaixonar porque existe uma meta imaginária de mulheres que ele tem que pegar para ser considerado homem. Existem histórias de pai que nunca abraçou seu filho, por exemplo.

Enfim, existia uma série de regras que o homem seguia para fazer parte desta confraria invisível dos homens machões. Para dar satisfação a esta machãonaria, o homem muitas vezes abria mão de seguir seus impulsos e mergulhar mais fundo nas suas emoções porque estava preocupado com o que "os amigos iam pensar".

No entanto, o homem sensível sempre existiu. Sempre tivemos poetas, músicos, escritores, além de pessoas comuns que escreviam longas cartas à sua mulher amada. Quanto material artístico de pura beleza e sensibilidade foi produzido ao longo de séculos e que até hoje nos encanta. O chamado "cavalheirismo" que constantemente se reclama que está em falta nada mais é que a sensibilidade masculina sendo posta em prática. Trazer flores, abrir a porta do carro, carregar no colo, tudo isso são demonstrações de carinho e afeto.

O único *update* para um cavalheirismo 2.0 é a noção de que essas gentilezas existem por se tratar do sexo frágil. Tanto o homem como a mulher são autossuficientes e não precisam do outro para fazer as coisas para eles. Se isso é feito, é apenas uma demonstração de cuidado. Abrir a porta do carro não é uma tarefa masculina, assim como preparar a comida preferida não é obrigação da mulher. Isso será feito naturalmente por duas pessoas que se amam e querem ver a outra feliz. Ninguém é forte o tempo todo. É por isso que precisamos de alguém que nos complemente e que nos dê suporte.

Aí você me pergunta: "E na parte sexual? A mulher não prefere o *bad boy* e o bonzinho sempre se ferra?". No mundo ideal, a mulher quer as duas coisas. Quem viu "Dona Flor e Seus Dois Maridos" sabe do que eu estou falando.

Sensibilidade em tempos difíceis

Outra vantagem que o homem mais sensível tem é quando chega a época da TPM que pode significar tudo menos tesão pelo marido. É nesse período conturbado do calendário que um cara com sensibilidade se sobressai.

Já sabendo o que o espera, ele já tem seu arsenal preparado: uma caixa de chocolates, um porta-lenços, um pen drive com o *set list* das músicas preferidas dela e uma comédia romântica no Netflix. É o kit anti-TPM.

Lidar com a TPM não é tarefa fácil e exige um soldado disposto a ir à guerra, porém com a mentalidade de um hippie paz e amor que entrou na era de Aquarius e que está disposto a oferecer uma flor para a amada que está prestes a vir com artilharia pesada.

Após o primeiro grito por você ter deixado uma meia no chão, prepare-se para contra-atacar gradualmente com fofuras. Poderes que só o homem fofo tem, igual os ursinhos carinhosos que atiram corações. Óó, que fofo! Claro, sempre acompanhado do kit anti-TPM.

No final, vocês vão estar no sofá, ela deitada na sua perna, chorando, comendo bombom e assoando o nariz, fazendo aquela verdadeira bagunça misturando lágrimas, chocolate e catarro num lenço totalmente deteriorado. E sua perna já dando câimbra, mas você como é fofo não vai reclamar.

Este papel quem geralmente fazia era o amigo fofo quando ela tomava aquele pé na bunda e queria ter aquele ombro na *friendzone*. Agora que ela é casada, é preciso que o próprio marido faça isso nas noites de TPM. Ou você prefere arriscar e deixar o amigo fofo tentar a sorte? Eu não iria subestimar...

Há que endurecer, mas sem perder a ternura

Existem muitos estigmas em torno do chamado cara fofo que está sempre na *friendzone*. Até o urso panda, coitado, é acusado de estar em extinção porque ele é muito fofo e isso dificulta a reprodução (que maldade).

A verdade é que não existe uma pessoa com uma característica única. Existem ações certas no momento certo. É lógico que se sua ficante, namorada ou esposa está excitada e com aquela vontade de transar, você não vai dar um abraço afetuoso. E muito menos vai encostar ela na parede e arrancar a calcinha em pleno funeral da tia Lurdes. O bom senso é sempre o melhor dos mundos. Buscar um equilíbrio é sempre importante, até porque ninguém é uma embalagem para ser uma coisa. Você pode ser um cara com pegada, bom amante, mas sem descartar seu lado sensível e emotivo. Existe hora para tudo.

Talvez no primeiro momento o que atrapalhe o cara "fofo" e que ajuda o chamado "cafa" é que o segundo passa mais confiança e segurança sobre si mesmo (muitas vezes auxiliado pela sua própria arrogância), enquanto que o cara mais sensível muitas vezes ainda passa uma insegurança. Justamente por ter uma cobrança de ser o que ele não é.

Mas não se iludam, diversas vezes o chamado "garanhão" também está desempenhando um papel e no fundo é alguém muito inseguro que precisa de conquistas amorosas e sexuais para se autoafirmar. E muitas mulheres que percebem isso a tempo, fogem desse tipo. O ideal é agir com naturalidade, algo que vem com o tempo e a maturidade. Alguém que não tenha vergonha de mostrar sua sensibilidade, ao mesmo tempo que não se mostre inseguro com sua autoestima. Alguém que saiba rir de si mesmo. Tudo isso são ferramentas de sedução. Porém, naturais e não forçadas.

No final das contas, ser você mesmo é o grande segredo. Se você é a melhor versão de si, é claro que será irresistível. E uma versão segura de si reúne um conjunto de características que vão desde a lascividade à sensibilidade.

Saiba desempenhar diferentes papéis. Ser sensível quando sua mulher precisar de colo, ser safado quando sua mulher quiser cama e saiba se abrir quando você precisar dela.

Seja um híbrido entre o fofo e o garanhão. Seja um fofodão.

Memorizar que é para aprender que o pau não manda.

O que aprendi com este capítulo?

1. *Como homem, também posso sentir, expressar. Sou gente, porra!;*
2. *Ser chamado de mulherzinha não é ofensa;*
3. *Posso ser sensível e safado, basta saber o momento certo para cada um;*
4. *Ninguém é forte o tempo todo. E está tudo bem.*

Capítulo 8

Como ser um bom pau... ops, um bom pai? Maldito, corretor!

8

Motivação

Se você tem um filho, seja um pai. É com essa frase que justifico o próximo e último capítulo.

Meu perfil do Instagram está repleto de mulheres insatisfeitas no casamento (vocês pensam que não, mas consigo perceber isso nas interações que temos nos comentários), mas também têm aquelas com histórias lindas de relacionamentos saudáveis, com casamento funcional onde o marido assume seu papel dentro de casa. E cara, quando esse papel é a paternidade, ela vai além de ser importante para o casamento, é para o seu filho, para o desenvolvimento da criança e para a tua relação com ele.

Mas se é para falar do impacto da paternidade no casamento... Sim, nada mais brochante do que um homem com nojinho de trocar fralda ou com cara de bunda quando o filho chora de madrugada.

Então, dedique aqui neste capítulo uma boa reflexão, por favor.

Luz, câmera, paizão

Quer seduzir de vez sua esposa? Seja um bom pai. Não tem nada mais irresistível para uma mulher do que um homem que cuida bem dos seus filhos

Não adianta! Você pode ser rico, bonito, sarado, pintudo, mas se você não é um bom pai, nunca será o marido dos sonhos da sua esposa. Aliás, você pode ser pobre, feio, flácido e com pinto pequeno, mas se for capaz de fazer seus filhos felizes, vira um príncipe encantado. Ou melhor, um rei, o rei dos baixinhos. O marido Xuxo.

A paternidade é uma vocação. Nem todo mundo nasceu para ser pai. É algo maior que você. É ver aquele pequeno ser que você colocou no mundo e entender que ele é a coisa mais importante da sua vida. Um amor que não tem explicação, só dá para sentir. A felicidade e o bem-estar dele estão muito acima do seu.

Você vai perder noites de sono, sentir odores inimagináveis ao trocar fralda, perder parte da audição com o grito de choro, ver pela milésima vez o mesmo desenho, mas vai amar cada segundo e desejar que o tempo congele para sempre nestes instantes de felicidade que é estar ao lado do seu filho vendo ele crescer. Ah, e se for mais de um é só multiplicar pelo número de rebentos.

Se você já tem este chamado da paternidade é meio caminho andado para conquistar de vez a sua mulher. Agora, tome cuidado com este talento para apresentador de programa infantil. Lembre-se que um cara que lidava bem com a criançada era o Sérgio Mallandro e nada mais brochante que transar com um cara com um boné de helicóptero que grita "glu, glu, ié, ié".

O fato de ser vocacionado a ser pai não quer dizer que não dê para aprimorar e se tornar melhor a cada dia. Afinal de contas, assim como em outras atividades, ser pai é 10% inspiração e 90% transpiração. E transpira muito, viu? Imagina ter que correr atrás de criança o dia todo em casa.

Convivendo e trocando ideias com outros pais, comecei a catalogar alguns tipos. Cada um deles tem seus prós e contras, mas são todos bem-intencionados e cada um deles pode aproveitar seu potencial paterno para dar aquela apimentada com a mamãe.

Pai Coruja

Assim como a mãe coruja, o pai coruja é aquele pai babão que é o maior fã do próprio filho. É tipo o *fandom* de participantes de *reality show*, só que neste caso, amando cegamente quem você deveria amar mesmo. Como o homem é um pouco mais literal que a mulher, o pai coruja também é aquele pai que sempre se oferece para acordar na madrugada para atender ao choro do bebê. É aquele que fala para a mulher "pode dormir, amor, deixa que eu vejo o bebê". Ele levanta para ninar, trocar fralda e dar mamadeira. Esse pai, que deu de mamar na madrugada, com certeza irá ganhar uma bela mamadinha da mãe pela manhã em retribuição à noite de sono bem dormida. Afinal, como diria o mestre Chico Anysio: "Um copo d'água e um boquete não se nega a ninguém". Ainda mais para um pai coruja.

Pai Disneylândia

É aquele pai que está sempre presente na hora do lazer. O filho quer jogar bola? Ele já está com a camisa da seleção autografada pelo Neymar. O filho quer ir à praia? Ele já está com a sunga, toalha, barraca, cadeira e baldinho. Saiu a nova animação da DreamWorks? Ele já está com os ingressos comprados. O filho está querendo brincar, mas o amiguinho não apareceu? Ele mesmo organiza os bonecos e cria um universo compartilhado dos brinquedos mais elaborado que os filmes da Marvel.

Esse tipo de pai fica marcado de maneira indelével no coração de um filho. É o adulto que volta a ser criança e vira um amigo do filho e que ainda paga as contas da casa. Nem amigo imaginário é tão legal.

O único ponto que esse pai precisa saber dosar é diferenciar a hora de brincar e a hora de falar sério. É sempre legal o filho associar o pai a momentos bons, mas se você só está nas horas boas, acaba perdendo a autoridade de pai e o que é pior: pode transformar a mãe na megera, naquela que precisa brigar para o moleque comer brócolis, fazer a lição de casa ou não quebre as coisas em casa. Ou seja, vira uma versão pai e mãe do "tira bom e tira mau" dos filmes policiais. Portanto, *mostre que você também sabe falar sério e não fuja de situações delicadas ou difíceis, cumprindo o seu papel de educar. Ensine que ele só vai ter a sua versão Disney se for merecedor.* Se agir corretamente, será merecedor do pai divertido; senão, vai ter que ficar com o pai rabugento. Afinal, não é porque você é um pai Disneylândia que seu filho pode te fazer de pateta.

E no quesito sedução, o pai Disneylândia pode aproveitar sua criatividade para o entretenimento infantil e usá-la no entretenimento adulto. Depois de um dia brincando de polícia e ladrão com seu filho, depois que ele for dormir, é hora de usar seu uniforme de policial e usar as algemas na sua esposa. É o famoso "pica-esconde".

Pai Google

Toda criança é um filósofo involuntário que faz perguntas que são complicadas de responder e que só uma pessoa livre das amarras sociais é capaz de formular. O pai Google é aquele que sempre é citado quando uma criança faz uma pergunta mais complicada: "Ah, não sei, pergunta pro seu pai".

Por que o céu é azul? Qual o sentido da vida? De onde nascem os bebês? O pai Google tem resposta para tudo. Poderia até ser um desses pais de santos. O pai Google de Oxóssi encontra a pessoa amada em três dias, além de mais 1.000 resultados encontrados.

Um ponto legal do pai Google é que ele recebe a admiração do filho e vira uma espécie de oráculo para tirar todas as dúvidas. Isso pode criar na criança um hábito que é o de querer ouvir a opinião ou aconselhamento do pai. Se este elo de respeito e admiração sobreviver à adolescência, não se desfaz mais. Vai ser uma espécie de hábito levar sempre em consideração a opinião do pai.

Esta habilidade de ser um Google humano desperta muitas vezes a curiosidade da esposa. É hora de você mostrar que sabe de cabo a rabo, literalmente, o Kama Sutra. Dá até para fazer um quiz sexual: decifra-me ou te devoro.

Pai Herói

Toda a criança vê seu pai como um super-herói. Mas tem casos que é mesmo. É aquele pai que é craque na pelada, malha, faz esportes radicais, pula de paraquedas, corre na São Silvestre e deixa os quenianos comendo poeira, faz travessia nadando 10 quilômetros em mar aberto enfrentando tubarões no soco... Peraí, deixa eu respirar. Um cara desses para virar super-herói de vez só falta voar. E pior que voa de asa delta.

Esse é o pai que dá aquela raivinha nos outros pais e que dá vontade de bater. Mas quem tem coragem de brigar com um cara desses? O pai herói é aquele que dá ao filho uma sensação incrível que é a de segurança. É uma das funções mais importantes de um pai, a de proteger seu filho.

É claro que um cara desses já deixa a mulherada em êxtase naturalmente. Se ele se mostra um paizão, aí é que ela vai querer transar toda hora que eles estiverem a sós. Que mulher não fantasia com o Thor, Capitão América ou Batman? E vendo que ele trata tão bem os filhos, ela vai ovular em cada transa para ter mais filhos. E, claro que o pai herói não usa preservativo, afinal de contas, o verdadeiro herói não usa capa.

Pai do José e do Dudu

É claro que não poderia ser um livro meu sem citar esta dupla que mudou por completo o meu modo de ver a vida. Graças a eles conheci a forma mais completa, desapegada e pura de amor. Eu acho que sou um pouco de todos esses pais. Sou aquele coruja que registra tudo que eles fazem, cada etapa do crescimento e da construção da personalidade. Sou o pai Google que procura ser uma fonte confiável para quaisquer dúvidas que eles tenham. Sou também o pai Disneylândia, porque nada me faz mais feliz que o sorriso deles. Procuro também ser uma fortaleza, deixando-os seguros como um pai herói. Buscando uma força que não possuo, mas que por eles encontro. O pai do José e do Dudu certamente é uma pessoa mais feliz hoje em dia.

E este amor pelos meus filhos se converte para toda a minha família e, principalmente para ela, Karol, minha esposa que foi a musa inspiradora deste livro. Na real, eu que fui o seduzido da história. E realizamos uma das fantasias mais ousadas de um casal: compartilhar a vida juntos.

Memorizar que pai também só tem um

O que aprendi com este capítulo?

1. *Ser pai não é ejacular a criança;*
2. *A paternidade é presença nos mínimos detalhes;*
3. *Existem várias versões de pais. Em qual eu me encaixo melhor?;*
4. *Minha paternidade não deve nunca passar por cima da maternidade da minha esposa. E vice versa;*
5. *Ser um bom pai, pode me trazer excelentes recompensas.*

Considerações finais

O livro começou picante, abordando o sexo e terminou fofo, falando dos filhos. A princípio um livro com o título "Como seduzir..." parece ser um livro voltado para atender aos desejos de quem o lê. De satisfação dos prazeres, da vaidade masculina, do ego, de como ser admirado e desejado. Mas lembre-se que o título completo é "Como seduzir sua esposa", a pessoa com quem você pretende dividir o restante dos seus dias. Portanto, o livro é menos sobre você e mais sobre ela. Não é sobre o que queremos do outro e sim do que estamos dispostos a dar ao outro.

Apesar da tecnologia ajudar no afastamento dos casais, vamos usar como analogia o roteador. Quanto mais você se afasta do roteador, mais dificuldade para se conectar você encontra. Quanto mais próximo, melhor a conexão. E assim devem ser os relacionamentos, você deve estar sempre próximo da pessoa amada para fazer o *upload* do que você deseja transmitir para ela, assim como fazer o *download* do que ela quer te enviar.

Seduzir quem está ao seu lado no cotidiano não se trata de técnicas, truques ou joguinhos. Não te resta outra opção que não seja a verdade. Só existe durabilidade num relacionamento se o outro se apaixona por quem você é de verdade. Sem disfarces, personagens ou filtros. É ser amado com todas as suas qualidades, defeitos, certezas, incertezas, contradições, coerências, ou seja, ser amado por ser humano.

E você só conseguirá permitir a ela te conhecer de verdade passando a praticar as seguintes qualidades: humildade, sensibilidade, gratidão e positividade.

A humildade é algo difícil de praticar quando não é da boca para fora. É difícil cultivar a humildade sem cair nas armadilhas do orgulho e do ego. A humildade não é baixar a cabeça, e sim assumir suas limitações, erros e falhas de cabeça erguida. É abraçar sua humanidade e extrair lições de vida para se tornar um ser humano melhor, sempre em constante mudança e construção. Num relacionamento, errar é mais do que humano e não ser engolido pelo orgulho fundamental para que haja um diálogo honesto e um recomeço.

Um parente próximo da humildade é a gratidão. É mudar o foco do que nos falta para valorizar o que já temos. Estar grato é estar em conexão com quem está ao seu lado. É valorizar o tempo que vocês passam juntos.

A sensibilidade é estar presente. É criar o espaço necessário para reconhecer os pensamentos e emoções sem julgamentos. Só com sensibilidade você pode desenvolver empatia e se colocar no lugar da outra pessoa. Isso é fundamental para que haja uma conexão verdadeira. É abraçar a nossa humanidade à medida que abraçamos a humanidade dos outros.

Por fim, praticar a positividade sempre. Buscar sempre encarar as coisas com bom humor e um sorriso no rosto mostra que apesar de todas as dificuldades comuns a qualquer relacionamento, estar ali com aquela pessoa é onde você sempre quis e quer estar.

A vulnerabilidade de compartilhar nossa humanidade e receber a humanidade compartilhada de outros convida a oportunidades poderosas de conexão, pertencimento, aceitação e amor. Como Maya Angelou disse tão lindamente: "As pessoas vão esquecer o que você disse, as pessoas vão esquecer o que você fez, mas as pessoas nunca vão esquecer como você as fez sentir".

Este livro é um registro de como um relacionamento em que me senti seguro de revelar toda a minha mais profunda humanidade, recebendo o mesmo em troca, resultou numa profunda conexão, liberdade, aceitação incondicional e amor. É o máximo de intimidade e sedução real que pode haver entre duas pessoas. É por isso que fiz este livro. Para vocês experimentarem a mesma felicidade que eu sinto.

Biografia

Julio Cesar Rocha nasceu em 1979 na cidade de São Paulo. Iniciou sua carreira aos quinze anos de idade, desenvolvendo-se na TV, Teatro e Cinema. Esteve por mais de 15 anos na TV Globo, onde realizou diversos trabalhos, ganhando notoriedade em seus papéis na novela Fina Estampa e na série Ilha de Ferro. Atuou em mais de 20 espetáculos teatrais, entre eles o Clássico de Shakespeare, Rei Lear!

Em meio a tantas funções que lhe cercam: ator, apresentador, escritor, Julio faz questão de destacar que atualmente o seu foco está em seus papéis familiares, como o que exerce sendo marido de Karol e pai de José e Dudu. Inclusive, tem encontrado em seu modelo familiar a oportunidade de chamar atenção da sociedade através do humor e criatividade demonstrando a importância de desconstruir a masculinidade tóxica, que tanto afeta os lares em todo o mundo.

Conheça os outros livros da editora
Ases da Literatura em
www.asesdaliteratura.pt